Frosch WG Gedichte

In Erinnerung an Klaus im ersten Trauerjahr

Geschrieben von Ulrike Frickhard

Mit Gedichten von Marion Dötzer und Rainer Nelbach

Einem Foto zum einjährigen Todestag für Klaus von Christian Fuchs

Sowie einem gemalten Buchcoverbild von Mirjam Jasmin Strube

Gewidmet: Klaus Frickhard, der leider im Jahr 2022 plötzlich verstorben ist.

Ich danke:
Besonders meiner Familie und guten Freunden, die mich durch dieses erste Trauerjahr begleitet haben. Für ihre Unterstützung, Verständnis und einfach das immer jemand für mich da war. Besonders danke ich Christian Fuchs für das schöne Foto von Klaus zum einjährigen Todestag. Marion Dötzer und Rainer Nelbach für ihre Gedichte für Klaus die sie für dieses Buch geschrieben haben und mir zur Verfügung gestellt haben. Außerdem danke ich Mirjam Jasmin Strube für das wunderschöne gemalte Froschcoverbild, als ich es das erste Mal bei ihr sah wusste ich sofort das ist Klaus, wie ich ihm damals am Froschteich kennengelernt habe und er mich mit seinen Gitarrenklängen verzaubert hat. Sie hat es extra für mich nochmal gemalt vielen Dank dafür.
Und zum Schluss danke ich natürlich auch dir dem Leser meines Buches. Ich hoffe dir gefallen meine Gedichte, wenn du näheres über mich erfahren möchtest besuche gerne auch meine Website: www.ulrike-frickhard.de

Ulrike Frickhard

Frosch WG Gedichte

„In Erinnerung an Klaus im ersten Trauerjahr"

Bibliografische Information
der Deutschen Nationalbibliothek

Die Deutsche Nationalbibliothek verzeichnet diese
Publikation in der Deutschen Nationalbibliografie:
Detaillierte bibliografische Daten sind im Internet über
http://dnb.d-nb.de abrufbar.

Herstellung und Verlag:
BoD – Books on Demand, Norderstedt
ISBN 9783757880750

Bis jetzt erschienen bei Books on Demand:

Frosch WG Geschichten
„Rund um und in der Frosch WG"
Frosch WG Geschichten
„Viel Wirbel um die Frosch WG"
Frosch WG Geschichten
„Brandneue Abenteuer aus der Frosch WG"
Frosch WG Geschichten
„Sammelband"
Kasper im Moor oder Kasper like me
„Das Frosch WG Projekt wird Zehn Sonderausgabe"
Frosch WG Geschichten
„Es wird bunt mitten aus dem Leben der Frosch WG"
Frosch WG Geschichten
„Der Zauber der Frosch WG"
Frosch WG Gedichte
„In Erinnerung an Klaus im ersten Trauerjahr"

Besucht uns auch auf unserer Homepage:
www.ulrike-frickhard.de

Ich denk an dich...

Ich denk an dich...
Ich weiß du auch an mich...
Doch ich sehe dich nicht mehr hier...
Ich spüre ganz genau wenn ich dich brauche...
Deine Seele wird immer bei mir sein
und eines Tages komme auch ich zu dir heim...

©UlrikeFrickhard

Gedicht: Aus der Reihe

Aus der Reihe
Stichst heraus.
Siehst nicht so gestellt
Wie die anderen aus!

Brauchst Farbe,
Luft und Sonnenschein.
Willst nie wieder einsam sein.

Bleib so frei,
Sowie du bist.
Weil von den Leuten
von der Stange
schnell schon keiner
mehr spricht.

Denn eines ist ganz klar,
von ihnen sind unzählige da!
Bleib ein Unikat:
Fröhlich, Bunt und Heiter.
Glaube mir dann bringst du es
am Ende weiter!

Gedicht vom 8.4.2023
©UlrikeFrickhard

Schlaflos

Schlaflos, ohne dich
Schlaflos, ich vermisse dich.
Es kommt mir noch so vor,
Als wäre es erst gestern
Als ich dich verlor.

Manchmal liege ich noch wach,
Zu der Zeit wo wir uns immer trafen.
Nun ist es ganz ruhig und leer.
Der Zauber der Liebe gibt nichts mehr her.
An manchen Tagen ist es kalt ohne dich.
Dann denke ich an dich!

Ganz liebe Grüße zu dir.
In Erinnerung an Klaus der viel zu früh starb.

©UlrikeFrickhard

Spiegelbild

Spiegelbild, es ist wie ein Schild.
Noch vor kurzem standen wir
dort drin zu zweit-
jetzt raubt es mir die Zeit!
Sehne mich nach dir,
doch du bist nicht mehr hier bei mir!

In Erinnerung an Klaus

©UlrikeFrickhard

9 Monate

9 Monate bist du nun schon fort.
Mir kommt es so vor als wärst
du noch wie ich am selben Ort.

Gerade nachts wenn wir uns oft trafen,
Liege ich oft wach und kann nicht schlafen.

Vor genau 9 Monaten
bist du plötzlich von uns gegangen.
Und mein neues Leben ohne dich hat angefangen.

Ich denke oft an dich,
denn ich vermisse dich.
Und ich weiß auch du wartest
eines Tages wieder auf mich.
Solange wirst du mich öfters begleiten,
denn wahre Liebe kann auch der Tod nicht trennen.

Liebe Jenseitsgrüsse deine Rike

©UlrikeFrickhard

Die Zeit steht still

Mal wieder wach
mitten in der Nacht.
Mal wieder an dich gedacht!

Kann dich einfach nicht vergessen.
Hab unheimlich viel an dir besessen.

Manchmal frage ich mich,
wie soll es ohne dich noch weitergehen?
Dann ist es als bliebe die Zeit einfach stehen.

Man kommt nicht vorran,
fällt eher zurück.
Doch man kämpft weiter,
Tag für Tag und Stück für Stück!

In Liebe im Jenseits
Deine Rike

©UlrikeFrickhard

Ohne dich

Wir waren wie Pech und Schwefel.
Du fehlst mir jede Nacht.

Wir haben wie der Topf auf den Deckel
zusammengepasst.

Es war nicht immer einfach,
doch du warst immer da.

Gingst sogar an deine Grenzen.
Die Jahre mit dir waren wunderbar.

Viel zu plötzlich war es vorbei.
Du wurdest abgeholt.

Es war ein Drama für mich.
Denn ich lebe von nun an leider
ohne dich!

In Gedanken an Klaus
©UlrikeFrickhard

Heute Nacht

Heute Nacht habe ich von dir geträumt,
Ich fühlte mich gestärkt und haben nichts versäumt.
Du warst mir wieder nah,
und bleibst für mich mein Star.

All meine Gedanken und Gefühle,
hast du sofort erkannt,
und nahmst mich an die Hand.

Der Traum war sonderbar,
Gleichzeitig aber auch wunderbar,
Du zeigtest mir den Weg und
jetzt sehe ich auch wieder
den rettenden Steg.

Ganz liebe Grüße in den Himmel
Rike

©UlrikeFrickhard

Mit den Wolken fliegen

Mit den Wolken fliegen,
Nur du und ich,
Einen Moment nochmal
die Zweisamkeit genießen,
Ich spüre dich,
sind uns wieder nah,
in meinen Träumen
Bist du wieder da!

Ich wache auf,
Die Realität holt mich ein,
und ich fühle mich
ganz klein und alleine.

Einmal mit den Wolken fliegen
und die Einsamkeit besiegen.
Ich denk an dich
und weiß ganz sicher du schaust
von deiner Wolke auch auf mich!

In Liebe für Klaus ©UlrikeFrickhard

Du und ich

Du und ich,
Ich und du,
einfach glücklich
die ganze Zeit.
Ich habe keine Sekunde
mit dir bereut.

Du und ich,
das war so toll.
Du warst mein Star,
in mir sticht es doll.
Mein Herz tut weh,
es ist als fällt im Sommer Schnee.

Du und ich,
vermisse dich
dann träume ich von dir,
ich weiß du bleibst auch
unsichtbar immer ein Teil von mir.

Du und ich,
schau mir beim Seifenblasen
machen zu,
denn wenn sie platzen
sind sie genauso unsichtbar wie du.

Du und ich
es kommt die Zeit.
Eines Tages bin ich auch soweit,
dann komm ich hoch.
Ich weiß du wartest schon,
und dann fliegen wir davon. ©UlrikeFrickhard

Heute Nacht

Heute Nacht
denke ich mal wieder
an dich.

Ich vermisse dich
immer zu der Zeit
wo wir uns trafen
liege ich wach
und kann nicht schlafen.

Die Zeit heilt alle Wunden
wurde mir gesagt
doch als du gestorben bist
da wurde keiner gefragt.

Die Lücke ohne dich
ist riesengroß,
mehr als einmal frage ich mich:
Was mache ich bloß?

Ich denke an dich,
denn ich liebe dich!

In Liebe auch über den Tod hinaus deine Rike
©UlrikeFrickhard

Nichts ist wie es bleibt

Nichts ist wie es bleibt.
Es raubt mir meine Zeit.

Ohne dich ist nichts mehr schön.
Manchmal würde ich auch einfach
nur noch gehen.

Verlassen ohne dich.
Du kannst nichts dazu,
doch liesst du mich zurück.

Tage kommen, Tage gehen.
Die Zeit bleibt einfach stehen.

Nichts ist wie es bleibt.
Ich bin verloren in der Zeit!

Mit dir war alles wunderbar.
Du fehlst mir und hier.
Bald nun schon ein Jahr.

Ich vermisse dich sehr
In Liebe deine Rike
©UlrikeFrickhard

Die Welt dreht sich

Die Welt dreht sich.
Nur du verstehst mich.

Bewege mich im Kreis.
Der Raum verändert sich
in der Zeit.

Die Welt dreht sich.
Kein anderer versteht mich.

Der Flur ist lang.
Der Tag macht
mich krank.

Die Welt dreht sich.
Ich warte auf ein Wunder.

Sie bewegt sich.
Da wird mir bang.
Ich verstecke mich
im Schrank.

Wir haben uns immer verstanden.
Du fehlst hier
In Liebe deine Rike
©UlrikeFrickhard

Seltsam

Kommt dir etwas seltsam vor?
Klingt es leise an mein Ohr.

Seltsam warum gerade jetzt?
Erinnert mich alles wieder nur an
dich?

Egal was ich auch tue.
Es lässt mir keine Ruhe.

Seltsam erklingt das Wort
in einer Zeit.
Wo mich eigentlich
mein Glück erfreut!

Seltsam,
Was kommt bei dir an?

Niemals vergessen besonders
in der Nacht oft an dich gedacht!

In Liebe
Deine Rike
©UlrikeFrickhard

Der falsche Weg

Der falsche Weg
ist oft auch der Richtige,
weil er uns hilft
auf Umwegen anzukommen!

Nur wer sich viel verläuft.
Weiß auch wohin er nicht mehr möchte!

Du wirst es merken,
wenn es der richtige Weg ist.
Wo keine Steine mehr
nachgeworfen werden und
die Sonne dir entgegen strahlt.

Die Bank im Schatten wartet.
Und er da ist.
Dann weißt du,
Du bist am Lebensende:
Dem Ziel!

Eines Tages wird es soweit sein.
Ich freue mich aufs Wiedersehen!
Solange erfreue ich mich an den
sensibelen Momenten,
wenn wir uns nah sind!

In Liebe an Klaus
Deine Rike
©UlrikeFrickhard

Die wahre Liebe durch dich gefunden

Die erste Liebe
war für die Katz.

Die zweite Liebe
Vorbei mit einem Satz.

Erst durch dich
lernte ich die
wahre Liebe kennen,
doch der Tod
versuchte uns nun zu trennen!

Das gelang ihm aber nicht!
Denn wahre Liebe vergisst man nicht!

Also muss er neidisch bleiben,
denn mit dem Tod würde ich es niemals treiben.

Er hat dich mir nicht genommen.
Ich spüre du bist in meine Nähe zurückgekommen.

Bist mir immer nah.
Nun eben unsichtbar!

Ich habe dich lieb
Deine Rike
©Ulrike Frickhard

Wenn du weißt…

Wenn du weißt,
Es wir nichts mehr wie früher!

Wenn du weißt,
Da fehlt ein großes Stück.

Wenn du weißt,
Da ist ein Riesen Riss!

Wenn du weißt,
Er ist zwar unsichtbar,
Doch bleibt dir nah!

Suche Trost in kleinen Dingen,
Nichts kann dir die Vergangenheit
zurückbringen!

Freu dich auf den Tag,
Denn eines Tages ist er da!
Dann gehst auch du,
Und bist ihm wieder nah!

©Ulrike Frickhard

Der Platz neben mir ist leer…

Der Platz neben mir ist leer,
Klaus gibt es nicht mehr!

Vor knapp einem Jahr
hielt er noch meine Hand.
Es gab so viel was uns verband.

Immer wenn ich traurig bin,
spüre ich ihn tief in mir drin.
Ich weiß seine Seele wird
immer bei mir sein.
Und trotzdem fühle ich mich
manchmal so allein!

In Erinnerung an den tollsten Mann der Welt
meinen Klaus
©Ulrike Frickhard

Mit dir

Mit dir
Waren wir mal glücklich und froh,
Wir waren echt Freunde es war einfach so.
Die Zeit ist vorbei es war einmal so.

Du warst ein Freund oft still und leise,
manchmal auch oft ziemlich weise.

Auf einmal warst du nicht mehr da,
Deine Rike war vor Trauer starr.
Ja mit dir das war einmal.

Wir trauern und vermissen dich,
das Schicksal hat es so bestimmt für dich.

Du bist nie ganz weg,
bist immer nah bei uns im Herzen.
Immer da die Zeit mit dir war wunderbar.
Ja Klaus die Zeit mit dir die war einmal.

Vergessen werden wir dich nie,
wir sind so traurig wie noch nie.

Es gibt Menschen die dich,
nach tausend gesprochenen
Worten nicht verstehen,
und es gibt Menschen die dich,
ohne ein Wort verstehen:
FREUNDE!
Von Marion Dötzer für Klaus

Was für ein guter Freund

Ein Jahr neigt sich dem Ende zu.
Unsere Trauer lässt uns nie in Ruh.
Ein Jahr ist nun vergangen unsere
Trauer noch vorhanden.

Wie gern hätt ich dir noch gesagt
was für ein guter Freund du warst.

Wie gern denke ich daran zurück
die Plüschis: Findus, Hubi, Florentine
und Rike war dein größstes Glück.

Dein Todestag ist jetzt so nah.
Klaus was du ein guter Freund doch warst.

Euer Garten der ist so einsam und leer.
Die Vöglein im Garten sie singen nicht mehr.

Du hast nicht mal Tschüss gesagt
auch du wusstest nicht das der Tag
so schnell kam: Ruhe sanft mit Gottes Segen,
ein Freund wie dich wird's nie mehr geben!

Niemals werden wir es überwinden,
wie schwer es ist dich nun zu finden.

Wie gerne hätte ich es dir gesagt
was für ein guter Freund du warst!

Ruhe in Frieden Klaus!

Von Marion Dötzer für Klaus

Mein lieber Freund Klaus!

2011 hinten im Bus in Kupferdreh.
Klaus steigt ein am Baldeneysee.
Sofort waren wir verbunden
für Jahre und viele Stunden.

2012 im schönen Saarn:
Als Teufelchen verkleidet
versprühtest du Charme.
Ich fragte: „Was führt Dich zu
deinem Kleid?“
Du: „Der Geist des Kommunismus aus der Sowjetzeit.“

Hast immer bei mir zur Gitarre gegriffen,
dazu haben alle ein Liedchen gepfiffen.

Auch bei Kicker, Tippkick und so weiter
kämpftest du mit und wir waren heiter.
Hast mit deinen Preisen erfreut ein jeder Herzen.
Star Wars- Alben, Panini- Sticker, aber keine Kerzen.

Leider konnten wir nicht mehr gemeinsam musizieren
und danach noch lecker dinieren.

Dein plötzlicher Tod hat diese Vorfreude beendet.
Mit dir wurde uns ein wahrer Engel gesendet.

Ich denke an dich
Rainer Nelbach

Kurzvita von Ulrike Frickhard:

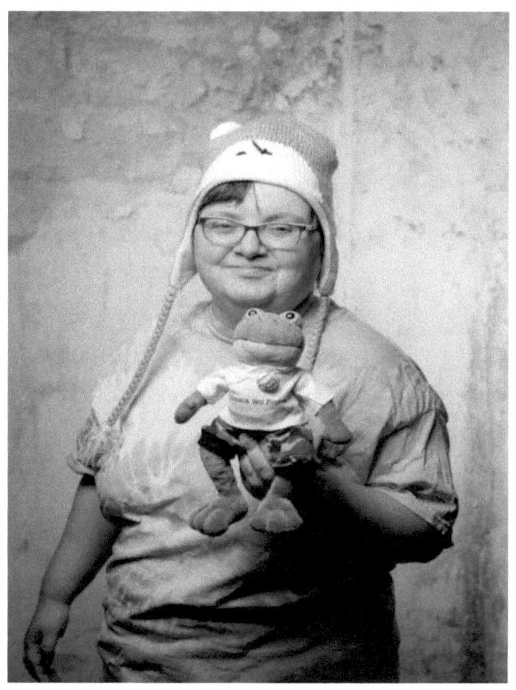

www.ulrike-frickhard.de

Ulrike Frickhard hat den Beruf der Kinderpflegerin, und zertifizierter Eltern-Kind-Kursleitung erlernt.
Momentan ist sie Kreative im Unperfekthaus und Buchautorin.
Sie erfand 2008 das Frosch WG Projekts, was sie seit dem liebevoll in verschiedenen Bereichen auslebt.
Einige Beispiele für die ganze Familie: Mitmachlesungen, Kunstaktionen und Plüschtiertreffen.
Sie wurde 1985 in Dortmund geboren und lebte seit ihrer Heirat im Februar 2017 in Mülheim an der Ruhr.
Nachdem plötzlichen und unerwarteten Tod ihres Mannes ist sie nun nach Dortmund zurückgezogen.
Nach ihrer Ausbildung zur Kinderpflegerin absolvierte sie erfolgreich ein Fernstudium an der Cornelia Goethe Akademie und erwarb das Schriftstellerdiplom.
Im Jahr 2012 veröffentlichte sie ihr erstes Buch der Frosch WG Geschichten. In diesem Jahr feiert das Frosch WG Projekt sein fünfzehnjähriges Bestehen, mit einem siebten Buch voller Kurzgeschichten und nun einem Gedichtebuch beides in Erinnerung an ihren Mann Klaus.
Beim Mütterzentrum in Dortmund war sie zwei Jahre in der Kinderbetreuung tätig.
Auch in ihrer Freizeit bietet sie immer mal wieder Aktionen für Kinder an.
In den letzten Jahren hat sie einige Fortbildungen gemacht.
Im März 2022 hat sie erfolgreich die Fortbildung zur Eltern Kind Kursleitung abgeschlossen und diese nun noch erfolgreich erweitert zur Waldspielgruppenleitung.
Was sie als nächstes beruflich angeht ist noch offen!

Lesetipps von weiteren Büchern der Autorin:

2017 folgte die Jubiläumsausgabe der Frosch WG Geschichten unter dem Titel: Sammelband, dieser ist dem zehnjährigen Bestehen des Projektes gewidmet und beinhaltet, die ersten drei Bücher der Frosch WG Geschichten überarbeitet neu zusammengefasst mit noch mehr Fotos.
Frosch WG Geschichten Das Sammelband Band 4 (enthält Band 1-3 der Frosch WG Geschichten überarbeit als Neuauflage zusammengefasst) **ISBN9783744827904**

Im Sommer 2018 wurde das fünfte Buch des Frosch WG Projekts unter dem Titel „Kasper im Moor oder Kasper like me" veröffentlicht.
Kasper im Moor oder Kasper like me Sonderausgabe der Frosch WG Geschichten Band 5 mit der Geschichte die ich bei der Gemeinschaftslesung des Geschichtsbandes Moorgezeiten 2017 vorgelesen habe **ISBN9783752821123**

Im Februar 2020 ist das sechste Buch der Frosch
WG Geschichten veröffentlicht worden.

Frosch WG Geschichten Band 6 Es wird bunt
mitten aus dem Leben der Frosch WG enthält
Geschichten aus allen Jahreszeiten mit den
Frosch WG Charakteren **ISBN9783752815474**

Wie geplant gibt es seit Frühjahr 2023 das siebte Buch der Frosch WG Geschichten: Der Zauber der Frosch WG. Für mich persönlich ein Herzensbuch mit noch einer Geschichte von meinem Mann, sowie Liedtexten von ihm. Und weiteren spannenden Geschichten wieder rund um unsere WG. Für alle großen aber auch kleinen Freunde der Frosch WG. ISBN:9783756234042

Besonderes Extra in diesem Buch:

„Basteln mit Rike" den ersten Liedtext den Klaus für mich
selbst geschrieben hat.

Basteln mit Rike

Basteln mit Rike
Malen mit Rike
Spielen mit Rike
Macht großen Spaß.

Da hüpfen die Frösche.
Da summen die Bienen.
Da gackern die Hühner.
Und alle sind froh.

Es gibt keinen Ärger.
Es gibt keinen Stress.
Alle spielen zusammen
und keiner schaut nur zu.

Der eine kann gut malen.
Der andere gut basteln.
Der dritte musizieren
und alle sind ein Team.

Wir treffen uns in Dortmund.
Wir treffen uns in Essen.
Wir treffen uns in Mülheim.
Und jeder kommt gerne hin.

Jeder ist gleichberechtigt.
Keiner wird benachteiligt.
Alleine sind wir schwach.
Zusammen sind wir stark.

Basteln mit Rike
Malen mit Rike
Spielen mit Rike
Macht großen Spaß.

In Erinnerung ©Klaus Frickhard

Foto von © Christian Fuchs zum einjährigen Todestag für Klaus

Nachwort:

Ich hoffe sehr euch hat das Buch mit Gedichten gefallen.
Wenn ihr noch mehr über mich erfahren möchtet besucht
mich gerne auf meiner Homepage: www.ulrike-frickhard.de